我的颐和园

图／文　吴洋

五洲传播出版社

我的颐和园

我原本不太喜欢颐和园，我觉得它像块大大的牛奶糖，甜得叫人发腻。前不久为了画这本颐和园的绘本，多来了几次。相约晨曦，偶遇夕阳，闲散地走了一圈儿又一圈儿。走过铺满落叶的西堤，又走过雕龙画栋的长廊；走过喧闹的苏州街，又走过宁静的玉带桥。走着走着，一些奇奇怪怪的想法便涌了出来，设想一下，如果我身穿清宫女眷的宽袖绣衫，脚登花盆底小鞋，手摇飘散香气的团扇，生活在这里会怎么样呢？充当这园子的主人，所有的人都由我呼来唤去，那又怎样？我也会假公济私、并为建自己的行宫而倾国库之所有吗？并为此到本已生活在水深火热之中的百姓中去搜刮吗？会的，答案是肯定的。因为没有人能限制我的权力，没有人能抑制我的欲望；竭尽想象地去挥霍，正是显示着我超凡的聪明和才智。

唉！不管怎么样，眼前这片园子是一座高峰——封建社会时期中国园林建筑史的高峰。有人甚至说，即便慈禧没有挪用建设海军北洋水师的钱去再造颐和园，北洋水师失败的命运也是注定的；与其如此，慈禧为满足私欲而留给后人一个美丽的园林还是值得的。不管是丧权辱国、还是无意中给后人留下一个值得骄傲的园林，慈禧这个历史人物注定要引起后人的争议。慈禧从 1888 年宣布正式重建颐和园开始，耗费无数白银，将被英法侵略者烧毁的园子绝大部分恢复如初。在她 48 年统治期间，大部分时间是在颐和园度过的，有时早春二月入园，初冬十二月才离开。清王朝的权力机构相当一段时间内基本从紫禁城移到了颐和园。

除了政治上大权在握，慈禧手中的其他东西还真不少。天下奇珍异宝都经她一一过手，好的几乎都进入她的私家仓库。如何形容她的富有呢？我突发奇想拿慈禧死后随葬珍宝的明细表来证明。这只是她所拥有宝贝的约四分之一，看看吧！

光绪三十四年（1908）十月二十二日，慈禧太后归天。随葬品清单如下：慈禧的身下（即棺底），铺一层金丝织的镶珠锦褥，厚7寸，上面镶着大小珍珠12604颗，红、蓝宝石85块，碧玉、白玉203块。锦褥之上，再铺一层绣满荷花的丝褥，上面5分重的圆珠宝2400颗。圆珠宝上又铺镶佛串珠薄褥一套，褥上有珠1320颗。慈禧头前部置珍贵的翡翠荷叶一支，脚下放粉红色碧玉莲花一朵。

慈禧身穿金丝绣成的礼服，外罩绣花串珠褂，入棺后先用九串珍珠链裹住全身。头戴珠冠，上镶大如鸡卵、价值白银2000万两的宝珠一颗。慈禧口含夜明珠一颗，其分开透明无光、合拢后能发出一道绿色寒光；身边置金、翡翠、宝石雕制的佛像108尊；头枕价值连城的翡翠制作的西瓜；左右置翡翠香瓜4个，其中白皮黄籽粉瓤2个，青皮白籽黄瓤2个；手边置放玉雕骏马8匹，玉罗汉18尊。还有青色粉尖翡翠桃10个、黄宝石李子100个、红宝石杏60个、红宝石枣40个。又有翡翠白菜2棵，绿叶白心，叶心上落一只翠绿蝈蝈，叶旁两马蜂为金黄色；玉藕3节，上有灰玉泥污，藕上长出绿叶粉荷；罕见黑玉荸荠一个；珊瑚树一棵。棺内最珍贵的要算那翠缕花纹、烟云流动、用白玉雕成的9层玲珑塔了。

为了填补棺内空隙，又撒入大珍珠500粒、中珍珠2200粒、小珍珠10000粒、红蓝宝石2200块。

以上仅是入棺葬品的一部分。而自光绪五年至封陵的30年间，还陆续放置了大批奇珍异宝，金银祭器，估计值白银数亿两之多。

真不明白，既然有这么多财富，何苦再去找各种名义的筹资呢？自己掏腰包多痛快。唉，贪心啊！

一个拥有至高无上权力的女人；一座举世无双的园子；一片风花雪月的美景；一袭浓浓的胭脂香气；一场宛如仙境的梦。这就是颐和园。

你也在听吗？我不是在讲神话，我是在讲真实的故事：一座园子和一个女人的故事，这座园子叫“颐和园”，它是清代在北京西北郊建造的一座大型山水园。

慈禧太后是中国历史上最后一个▷“实际上的”女皇帝，这样讲是因为她掌握实权但并没有称帝。她的行宫御苑一定是十分女人味、芳香的。

人们都把这园子的主人叫慈禧太后，后来我知道了她的本名——叶赫那拉氏。一个命极差、运极好的女人。

“仁寿殿”顾名思义，仁者寿也。当仁寿殿那块羞羞答答的帘子形同虚设的时候，“垂帘听政”的慈禧太后已是实际上的女皇了。

这也是我的家，虽说我只是鼠辈，但在这里我所见到的、听到的，园子外面的人是一定不知道的。▷

清代乾隆十五年（1750）建清漪园时，园子四周并无围墙。1888年慈禧太后重建颐和园才在四周修建围墙。你看，宫门外戒备森严，百步之外，行人止足。

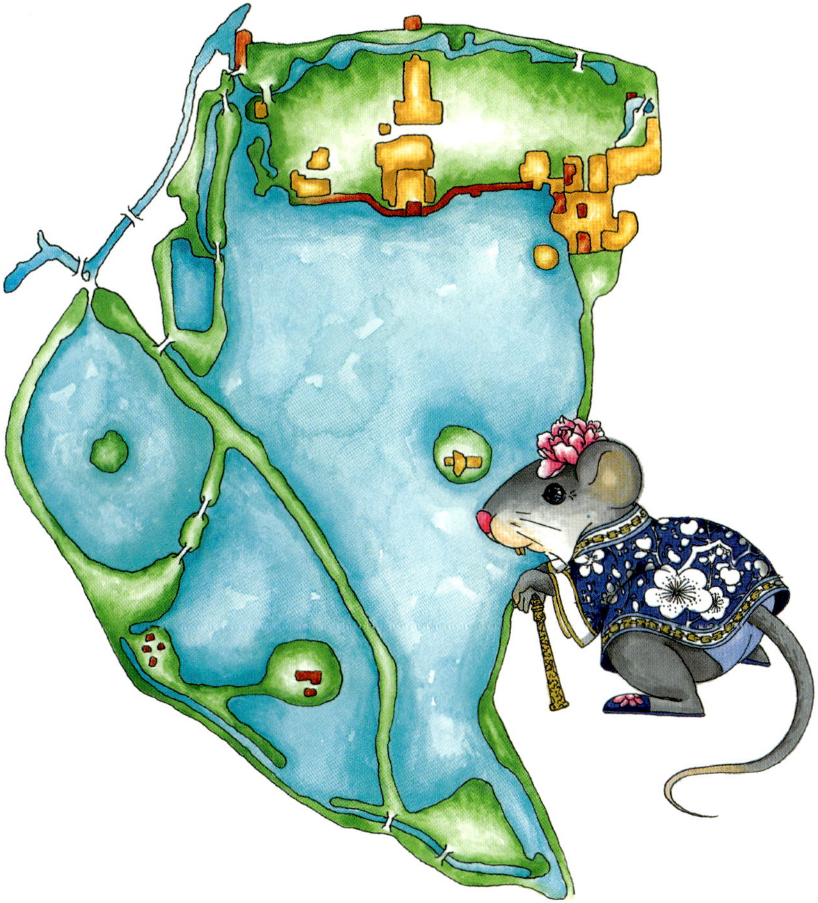

这精美绝伦的园子，也曾经创伤累累，建造、毁灭、重建、再毁灭、再重建……中间麻烦不断，前后将近250多年的历史。

乘扁舟一叶，寄情于湖光山色之中，感觉一下这“昆明万顷镜光开，烟意空濛泛艇来”的意境。昆明湖的面积约占全园的78%，湖水绕过万寿山西麓与北麓的后湖相连，山环水抱，湖与山巧妙的合为一体。

萬壽山昆明湖

◁ 这里的湖水元朝(1271－1368)称瓮山泊，乾隆（1711－1799）为庆祝他母亲六十寿辰改名为昆明湖，还立了石碑。汉武帝刘彻（前156－前87）在位时，为征服滇池之滨的昆明国，在京都长安凿池取名“昆明池”操练水军。乾隆是效仿汉武帝而假借“昆明”二字？

佛香阁既辉煌又有故事。之前乾隆在此建延寿塔用了白银46万两，因塔高与湖面不匹配，拆塔改阁又用了几十万两。1860年佛香阁被英法联军焚毁后，慈禧太后为重建佛香阁又耗费白银90多万两。这辉煌是白银堆起来的呀！

◁ 园子内的排云殿气势宏大，是众多建筑的灵魂，慈禧太后六十岁庆寿典礼曾经在这里举行。贺寿大礼当天，她就坐在排云殿内正中的九龙宝座上，四旁香烟缭绕、鼓乐齐鸣、卤薄仪仗威严。

“神仙排云出，但见金银台。”云雾缭绕中的排云殿正如仙山琼阁，排云而出。慈禧太后本想将自己的寝宫设在排云殿，就在排云殿落成时她病了一场，迷信的她觉得排云殿与上边的佛香阁靠得太近，触怒了佛祖。

大慈大悲的观音菩萨，请保佑我们永享荣华富贵吧。智慧海内供奉的菩萨佑护了园子里的人，还有精力去帮助园子外面的人吗？

有一座琉璃牌坊叫“众香界”，坐落在佛香阁的北面山坡上。过众香界，上达智慧海。

慈禧太后的奇珍异宝大都收藏在园子里，全世界恐怕没有第二个人能和她的私人收藏相比。你知道她生肖属相是什么？不会是属鼠的吧？

寿
寿

◁ 这近千人的骑从，拥着慈禧太后的软轿，从紫禁城浩浩荡荡来到颐和园。每次跟随她的还有数百箱珍宝古玩。从故宫到颐和园，先由陆路到万寿寺，再从万寿寺登船到颐和园。

家业再大，也经不住有败家的儿孙。其实慈禧太后就是最大的败家子儿，她用来重建颐和园的白银可买十几艘军舰。

1894年农历十月初十是慈禧太后六十岁大寿，“普天同庆”；这一年，中日之间爆发了“甲午战争”，中国军队的惨败，丝毫未能影响园子里的祝寿庆典活动，让人心寒呀！

慈禧太后六十大寿耗白银数百万两，你想知道在宫里做事的太监们的月薪是多少吗？仅有 2 两。

◁　位于万寿山后山上的四大部洲，始建于清代乾隆十五年，是一组庞大的藏式庙宇建筑群。它顺山势中轴线而建，巍巍壮观，后被英法联军焚毁，现在看到的是上世纪末重建的。

慈禧太后寝宫乐寿堂前有一对铜鹿、一对铜鹤和一对铜瓶，六（鹿）、合（鹤）、平（瓶）皆谐音，为六合（中国古代将东、南、西、北、上、下这六个方位称六合）太平之意。

◁ 即便是慈禧太后的卧室，我等鼠辈也能进来享受享受。听说太后不敢在此睡觉，一定是干了坏事，心里有鬼。

四只焚烧檀香的镀金九桃铜炉太气派了，两只青花大瓷盘内盛满时令鲜果，果香四溢。慈禧太后就是在这儿用膳。“禽八珍”“海八珍”“草八珍”……名目繁多。

◁ 近来园子里突然新添了很多新鲜玩意儿，除了汽车还有洋钟、洋伞、洋烟、洋酒。唉，洋人的炮声也越来越近了。

这辆 19 世纪生产的汽车，有点像马车，它可是慈禧太后御用的，是中国第一辆进口汽车。太后让司机跪着开车，她觉得在她前面的人只能跪着，否则就必须站她身后。

德和园大戏楼开戏啦，为了今天的演出，戏班子已经排演8天了，你知道吗？这大戏楼由戏台、扮戏台、颐乐殿、看戏廊等组成。大戏楼高21米，是中国现存最大的一座古戏台。

慈禧太后是个戏迷，经常在这儿看戏，有时还是躺着、闭着眼睛听戏。从光绪二十一年（1895）大戏楼建成到太后去世这13年间，这里上演过200多个剧目，她在这儿看戏超过260场次。

浪漫的故事，被无数次无数人反复讲，也就变得不浪漫了，戏台上演的就那么几出儿，戏台下的戏往往更加精彩。

快来看，那个洋人画师又来了，她给慈禧太后画肖像已有三个多月了，她是一个美国人，叫凯瑟琳·卡尔。

做事手段和过程都不重要，结果才是最重要的，慈禧太后最明白这个道理。在男权社会里一个女人只有手段高超，才能获得想要的。▷

◁　中国几千年都是龙在上，凤在下，而今园子里有些地方是凤在上，龙在下，真过瘾。这位凭借一场选秀入宫的太后，擅长操弄亲贵朝臣之间的权力平衡，以维系朝廷的绝对权威。有一条要记住哦，是她废除满汉不通婚禁令，禁止妇女缠足的。

随从的宫女、太监多了，所以园子里角角落落是非甚多。

宽阔的湖面，莲花成了很好的点缀。慈禧太后非常喜欢赏花采莲，甚至自己装扮成江南农妇的模样，乘船采莲。

据说慈禧太后有六条龙舟，每天除了满足太后出游之用，还要运送各种物资。每到节庆，湖面上还举行龙舟比赛。

“已筹三千万，意在添艨艟，不图柄政者，偏作林园供。”管他以什么名义集资，只是这钱还远远不够慈禧太后所需呀。修建工程原本就耗资巨大，而且其中贪腐非常严重，被贪掉的钱甚至是工程真正花销的数倍以上。 ▷

依我看来这里就是仙境，食花饮露，彩蝶飞舞。颐和园的昆明湖是以杭州西湖为蓝本建造的，还有些园中园也是仿造江南园林设计建成的。

◁ 在树与花的间隙中隐约见到高台和游廊。一个女人的一生伴着风花雪月，亭台楼阁，享受啊。

园子里的门廊、檐下都有不同的装饰。这个院子虽小，梁枋上苏式风格的彩画还挺好看的，题材为花卉鸟虫。

颐和园里有观赏夕阳的夕佳楼，还有欣赏日出的迎旭楼。其实，颐和园步步是景，任何一个地方、任何一个角度都有不同的美。▷

◁　真有喜欢石头的人，不惜倾家荡产。这块石头的第一个主人是明代（1368－1644）一个官僚，传说他为了搬运这块巨石而财竭，所以人称该石是“败家石”。没想到乾隆皇帝也喜欢这块石头，不但将它运进了园子，还在上面镌刻赞美诗句，美其名曰“青芝岫”。

颐和园满园石趣需要静心辨赏，有孙悟空、猪悟能，更有仙山琼阁，蓬岛瑶池。这儿还有我们鼠辈呢，只是残破了点。

◁　　铜牛是乾隆朝建园初为数不多的遗物之一，放置在昆明湖东堤岸边，希望能永镇水患。铜牛铸造精良，形象逼真，牛背上用篆文铸刻乾隆题《金牛铭》。

廓如亭，俗名八方亭，其亭台直径16米，平面呈八角形，重檐八角攒尖圆宝顶建制。亭中共有42根柱子，亭内8面共有8块木匾，上镌乾隆御制诗文。来跳个舞吧，廓如亭的春天不会有黑夜。

◁ “春和景明，波澜不惊。”这景明楼的名字是从北宋文豪范仲淹（989－1052）的《岳阳楼记》中借来的，但景明楼的景儿和岳阳楼比起来，一点也不逊色。

园子里一共有六座城关，都是为安全而修建的，园内的太监轮流在城关上值班放哨。六座城关依次是：文昌阁城关、宿云檐城关、紫气东来城关、寅辉城关、千峰彩翠城关和通云城关。

◁ 在宿云檐城关里供着三国时代（220－280）蜀汉名将关羽（161－220）的塑像，上悬“浩然正气”的匾额。

紫气东来城关，位于颐和园万寿山东麓，虽说也是有着防卫作用的城关，但怎么也能嗅出些脂粉的味儿。

◁ 荇桥东西有四柱冲天的双牌楼，在中国古建中可算是高规格牌楼。我看它就是个室外的装饰。

牌楼这种建筑形制可是老祖先发明的，它和宫囿、宅院、市井的形成密切相关，只不过牌楼上的装饰是越来越豪华了。

看惯了园子里比比皆是的朱红立柱，这霁清轩柱子式样令人耳目一新。它们是在那场野蛮的焚烧后与谐趣园同期重建。慈禧太后把这里当成专门制作奶酪点心的酪膳房，以备游园之需。不过你现在可看不见这藤萝彩绘的柱子了，它已被油饰成红色。

728 米长的长廊就像一条彩带把万寿山南麓的建筑串为一体；廊内雕梁画栋，一幅幅彩画讲述着过去的故事。慈禧太后常沿着长廊春赏花、夏看荷、秋听雨。 ▷

“层楼雅号画中游，四面之窗万景收”，只有当你置身于“画中游”，才能感觉到这名字是如此贴切。画中游位于万寿山南麓西部，是随山就势、因地制宜修建的一组建筑群。

听鹂馆也有一座戏楼，是早年乾隆母亲看戏的地方。门前匾额上“金支秀华”四个字，是形容这里曾有一支人数众多、乐器豪华的古代皇家乐队。

我也有花前月下的时候，我可比园▷子里的太监、宫女们自由多了。

壽
福

◁ 玉澜堂哪里是皇帝的寝宫，它分明是一座监狱。在这座三合院式的建筑里，光绪皇帝（1875－1908 在位）就是个囚犯，因为慈禧太后反对他搞什么变法维新运动。这皇帝当得太窝囊了。

我也效仿太后在石舫上招待宾客，也把最好的东西拿出来炫耀一下，当我被用洋文夸 good 时，我都快晕了。

石舫位于昆明湖西北边。光绪十九年(1893)，按慈禧太后的意图，将被英法联军焚毁的中式舱楼改建成西式舱楼，船窗配了彩色玻璃，楼侧加两个机轮做装饰，改名叫“清晏舫”。

驻足西堤荇桥之上，南望湖水宽阔如镜，身后却是曲曲弯弯的河道，一直通向苏州街的尽头。在这儿我的思绪也随风飘到了天的尽头。

妙觉寺始建于乾隆年间，占地60平方米，在园子里规模算是小的。寺院包括山门、院落、正殿和院墙，正殿还饰以彩绘，可谓麻雀虽小，五脏俱全呀。

“龙”，在这儿只是摆设，一切“凤”说了算。快跑！慈禧太后又发脾气了，她拍一下桌子，不知谁又要倒大霉了。

◁　通体洁白的玉带桥，总是伴随着清晰的倒影，形如玉璧。玉带桥为昆明湖西堤六桥之一，单拱净跨11.38米，桥身全部由汉白玉和青白石琢成，桥栏望柱上雕有各式仙鹤，桥头还留有乾隆皇帝的御题。

我不相信这坚固的桥会因为我修建的小小蜗居而倒塌，永远不会。

“苏堤春晓”，多有诗意的名字，我喜欢。可春天在哪儿？昆明湖是仿杭州西湖建的，苏堤春晓也是西湖十景之一呀，两处景色怎么比？

花承阁多宝琉璃塔，斑斓迷人，塔高 17.6 米，塔身用有浮雕佛像的 596 块彩色琉璃砖镶砌而成。它是 1751 年乾隆皇帝为庆祝皇太后六十大寿而建造的。

园中最精致的亭子应属这用铜铸成的宝云阁了，谁能想像这座高 7.55 米、重 207 吨的铜亭是怎么铸造出来的？英法联军火焚清漪园，宝云阁也遭到严重破坏，内部陈设和铜制门窗流散各地，其中十扇铜窗直到 1993 年才从美国回归颐和园。

◁ 福荫轩的形状特别，是卷书形式，初建于乾隆年间，原名餐秀亭，有秀色可餐之意。1860 年它被英法联军烧毁，光绪年间重建。这座犹如打开的长卷一般的建筑，上面书写着岁月的沧桑。

知鱼桥上唱情歌，抑扬顿挫、畅叙幽情。我所在的知鱼桥是谐趣园内五座桥中最有名的。在这儿赏鱼最佳，桥名出自一个久远的典故。

苏州街有60多家商铺，还有酒楼。每每至此购物，我都会表现得十分“疯狂”。

唉，顾不上欣赏这里婉约、清秀的“江南风情”了，我祖母还在“小有趣”等我送寿桃呢。

花坊
茶

我刚离开两个月，家里就出事了，我恨那些毁坏皇家园林的外国强盗，也不喜欢强取豪夺民脂民膏来修建自家豪宅的帝王将相，但这园子我喜欢。

復旦引星辰珠聯璧合

昆明湖上漂亮的十七孔桥长150米，桥头和桥栏的望柱上都雕有神态各异的狮子，大小共544只。我不明白，侵略者焚烧园子时，你们都在睡觉？